W0034193

Mein Garten
im Frühling

VERONIKA SCHUBERT

Mein Garten
im Frühling

 DAS GROSSE KLEINE BUCH   № 016

Inhalt

Mein Garten
im Frühling

Lange mussten wir auf den Frühling warten, und jetzt hält ihn und uns nichts mehr auf. Gärtnernde Menschen haben den Winter über Pläne geschmiedet und stehen nun ungeduldig in den Startlöchern. In den nächsten drei Monaten muss schließlich der Boden bestellt, Blumen und Gemüse sollen gesät und gepflanzt werden. Eine alte Gärtnersweisheit besagt, dass damit begonnen werden darf, sobald keine Erde mehr an den Schuhen kleben bleibt. Und so sehnen wir eine trockene Witterung herbei.

Jede sich öffnende Blatt- und Blütenknospe birgt jetzt Hoffnung in sich, versetzt uns in Aufbruchsstimmung und lässt uns schwungvoll zum Werkzeug greifen. Nur wer seinen Garten ordentlich bestellt, kann sich im Sommer zufrieden zurücklehnen und darf im Herbst reiche Ernte einfahren. Das spornt an und verleiht unge-

Der Garten erwacht
in zartem Gelbgrün.

ahnte Kräfte. Die frische Frühlingsluft, die warmen Sonnenstrahlen und das zarte Gelbgrün sind nach den langen trüben und kalten Monaten zudem eine Wohltat.

Die Jahreszeiten spiegeln auch ein Menschenleben wider. Der Frühling ist die Zeit des Aufbaus, der Anstrengung und des kraftvollen, unermüdlichen Einsatzes. Im Sommer kehrt etwas Ruhe ein, bis im Herbst endlich geerntet werden darf. Dann ist die Welt in goldenen Glanz getaucht, und im sanften Licht zeigt sich alles von seiner reifen und vollkommenen Seite. Auch die Tiere des Gartens teilen diesen Zyklus mit uns, zwitschern im Frühling aufgeregt und begeben sich auf Partnersuche, um später im Jahr die nächste Generation aufzuziehen. Zuzusehen, wie im Garten alles wächst und gedeiht, fasziniert und erfüllt einen zugleich mit ungeahnter Zufriedenheit.

Im Spätfrühling zeigen sich
die Blumen in voller Pracht.

März

Der Frühling ist da, wenn dein Fuß
auf drei Gänseblümchen treten kann.

Schlehenblüten sind duftende Vorfrühlingsboten.

Gartenstart

Mancherorts liegt noch Schnee, doch kommt die starke Frühlingssonne einmal heraus, beginnt das Gartenjahr rasant. Die ersten Blüten von Schlehe und Dirndl sind nach dem Winter eine wichtige Nahrungsquelle für Insekten und überlebensnotwendig. Also nichts wie hinaus in die Natur – das haben wir uns nach dem langen Winter auch redlich verdient! Beim Spaziergang über Wiesen und durch Wälder lohnt es sich, den Blick schweifen zu lassen und zwischendurch auch auf den Boden zu richten.

Jetzt sammeln: Frühlingskräuter

Frische Löwenzahn- und Brennnesselblätter, feine Gänseblümchenblüten, zarte Triebe von Wiesenknopf, Knoblauchsrauke und Spitzwegerich bringen Abwechslung in den kulinarischen Alltag und vertreiben mit ihren Vitaminen die Frühjahrsmüdigkeit.
Kräuter pflücken, im Korb nach Hause tragen und damit Salate, Suppen und Aufläufe verfeinern oder einfach am Butterbrot genießen – so schmeckt der Frühling!

Duftender Schlehdorn

Schon im Vorfrühling entwickeln die heimischen Schlehen eine bezaubernde Blütenfülle, sie zählen zu den allerersten Pflaumengewächsen im Jahr. Dieser attraktive Strauch, der in dichten Hecken Waldränder und Heidelandschaften prägt, kann auch leicht im Garten gezogen werden. Schlehen sind genügsam und anspruchslos, sie gedeihen auch auf kargen Böden. Das schwarzbraune, dornenreiche Holz dieser Sträucher bildet ein undurchdringliches Geflecht, in dem viele Tiere geschützte Brutplätze und Lebensraum finden. Aus den angenehm duftenden Blüten bilden sich im Herbst blaue Früchte. Schlehen sind aus ökologischer Sicht überaus wertvolle Pflanzen: Sie zählen zu den ersten Bienenweiden und gelten als Vogelschutzgehölze. Jetzt ist ein guter Zeitpunkt, sie zu setzen.

Leuchtendes Dirndl

Wird ihm ein warmer Standort auf eher trockenem Boden geboten, dann ist er ein weiteres robustes heimisches Wildgehölz: der Dirndlstrauch (Cornus mas). Mit weithin leuchtenden gelben Blüten bittet auch er jetzt Wildbienen, Hummeln, Käfer und andere Insekten mit seinem Nektar zu Tisch. Bereits im Mittelalter schätzte man die Kornelkirsche als Obstgehölz. Die Gartenformen, z.B. die Sorten „Jolico", „Schönbrunner Gourmet" oder „Kasanlak", tragen im Herbst besonders große, vitaminreiche Früchte, die sich zum Naschen vom Strauch oder für die Verarbeitung zu Marmelade und Säften eignen.

Leuchtende Dirndlblüten bieten
eine erste Nahrungsquelle.

Goldbeeren gedeihen genügsam und im Schatten.

Gelbe Blüten für den Schatten

In den meisten Gärten gibt es Ecken, in die nur wenige Lichtstrahlen gelangen – unter dichten Bäumen, zwischen Garage und Zaun oder im Schatten des Nachbarhauses. Gerade solche Flecken kann man mit gelbblühenden Pflanzen aufhellen. Gut eignen sich diese auch als Rasenersatz, denn ist es zu schattig, fehlt es nicht am grünen Daumen, sondern lediglich an Licht, wenn der Rasen nicht wachsen will. Innerhalb von zwei bis drei Jahren wachsen die Stauden zu einem dichten Teppich zusammen, der kaum mehr weiterer Pflege bedarf. Solche gelben Pflanzen-Lichtblicke sind zum Beispiel Goldbeere (Waldsteinia ternata) und Goldnessel (Lamium galeobdolon), beide langlebig und äußerst robust. Von zarterem Gemüt ist die Elfenblume (Epimedium perralchicum). Die empfehlenswerte Sorte „Frohnleiten" ist mit herzförmigen, rot gezeichneten Blättern und feinen hellgelben Blüten auf dünnen Stielen ein Schmuckstück.

Zwiebelblumen für den Sommer

Sommerblühende Blumenzwiebeln und Knollengewächse, die man schon ab März pflanzen kann, sind Gladiolen, Prachtscharten, Lilien, Anemonen und Tigerlilien.
Dahlien, Begonien und Canna müssen hingegen noch warten, sie sind frostempfindlich und dürfen erst nach den Eisheiligen in den Boden.

Gladiolenzwiebeln
kommen im März
in den Boden.

Enzian und Seifenkraut lieben Plätze zwischen Steinen.

Steingärten: eine Welt für sich

Haben Sie ein sonniges Plätzchen für ein Alpinum frei? Je kleinräumiger die kleine Bergwelt angelegt wird, desto harmonischer wird sie sich in den Garten einfügen. Der Boden für die Pflanzen der Alpen muss nährstoffarm und durchlässig sein (Gartenerde zur Hälfte mit Sand mischen), Findlinge und andere Steine speichern Wärme. Robuste Pflanzen für das Alpinum sind Grasnelke, Steinkraut, Steintäschel und Sonnenröschen; auch Enzian darf dabei nicht fehlen.

Pflanzen
von wurzelnackten Rosen

In frostgefährdeten Gebieten ist die Früh-
jahrs- der Herbstpflanzung vorzuziehen.
Zeitig im Frühjahr können statt jener im
Topf die preisgünstigeren wurzelnackten
Rosen gesetzt werden. Die Stöcke einige
Stunden wässern, dann die Wurzeln etwa
2 bis 3 cm einkürzen. Die Rosen wie im
Herbst anhäufeln (Schutz vor Trocken-
schäden) und etwa 2 bis 3 Wochen nach
der Pflanzung bei beginnendem Austrieb
wieder abhäufeln.

Salat im Balkonkisterl

Während der im Herbst ausgesäte Winterkopfsalat mit leichtem
Schutz aus Reisig die kalte Zeit überdauert hat und im Frühbeet
bald die ersten frischen Köpfe bildet, heißt es im Gartenbeet und
in Balkonkästen jetzt aussäen. Die Anzucht von Salat in Kisterln
hat den Vorteil, dass man diese so
aufstellen kann, dass sie
vor Schnecken sicher

Radieschen können früh gesät werden und keimen rasch.

sind. Außerdem eignet sich die Topfkultur auch für Balkongärtner. Sind die Pflanzen nach dem Keimen zu dicht, können sie vereinzelt werden – entweder kommt ein Teil ins Beet oder in weitere Gefäße.

Gemüse für die Direktaussaat

Wer direkt ins Gartenbeet sät, spart sich Arbeit: Die jungen Pflänzchen müssen später nicht zur Weiterkultur vereinzelt und in Töpfe gesetzt werden. Allerdings können so früh im Jahr kalte Tage und vor allem Nächte die Entwicklung der Pflanzen bremsen. Ein schützendes Vlies zum Abdecken sollte deshalb in den ersten Wochen griffbereit sein. Zu den Gemüsearten, die direkt ins Beet gesät werden können, zählen nicht nur der bekannt robuste Spinat und Vogerlsalat, sondern auch Radieschen, Karotten und Erbsen.

Kampf den Schnecken

Wer schon im März Maßnahmen gegen Schnecken trifft, kann eine Invasion weitgehend verhindern. Legen Sie Bretter aus, darunter werden schon bald Eiablagen zu finden sein, die dann leicht abgesammelt werden können. Gemüsebeete sollten unbedingt mit Schneckenzäunen eingefasst werden, Bierfallen haben sich weniger bewährt. Möglich sind auch Lockpflanzungen aus Tagetes, die von Schnecken bevorzugt gefressen werden, der angrenzende Salat bleibt verschont.

Die Samen von Spinat sind kälteunempfindlich.

Bodenvorbereitung
für Fruchtgemüse

Noch dürfen die kälteempfindlichen Fruchtgemüse wie Paradeiser, Paprika, Melanzani, Gurken und Zucchini nicht ins Freie. Doch während sie unter Glas oder am Fensterbrett geschützt sprießen und gedeihen, wird der Boden vorbereitet. Dunkle, leicht erwärmbare Böden mit hohem Humusgehalt bringen die besten Erträge. Trockene, leichte, aber auch zu schwere, nasse Böden sind ungeeignet. Sie können jedoch verbessert werden. Arbeiten Sie in diesen Fällen verstärkt guten Kompost ein. Auch organische Dünger und Gesteins- und Tonmehle fördern die Qualität des Bodens nachhaltig; Sand verbessert den Wasserabzug und verhindert Staunässe. Wichtig ist bei Fruchtgemüse zudem ein windgeschützter Standort, denn dann können Spätfröste weniger Schaden anrichten.

Vorkultur
von Neuseeländer Spinat

Die reich verzweigte Pflanze schmeckt ähnlich wie herkömmlicher Spinat. Es können daher alle Rezepte mit gewöhnlichem Spinat auch mit Neuseeländer Spinat zubereitet werden. Das Gewächs gedeiht in seiner Heimat an sonnigen Küsten, ist hitzeverträglich, äußerst robust und nur wenig anfällig für Krankheiten. Im März

Kompost ist das Gold des Gärtners!

erfolgt die Vorkultur am Fensterbrett oder im Frühbeet. Dazu werden die Samen zwei Tage in Wasser gelegt und erst dann angebaut. Das Quellen verkürzt die Keimdauer. Die kräftigsten Pflanzen kommen Anfang Mai ins Beet. Weil ein einziger Neuseeländer Spinat etwa 1 m² abdeckt, reichen wenige Pflanzen.

Das schwarze Gold

Es zahlt sich aus, einen Komposthaufen anzulegen. Dann geht im Kreislauf der Natur nichts verloren, und alles wird wiederverwendet. Außerdem ist die eigene Komposterde die nährstoffreiche Basis für ein üppiges Gedeihen aller Gemüse- und Zierpflanzen. Die besten Tipps für eine erfolgreiche Kompostwirtschaft:

- Nur auf gewachsenem Erdboden errichten, keinen Untergrund bauen.
- Einen halbschattigen Standort wählen, weder in praller Sonne noch im tiefen Schatten, wo die Niederschläge nicht auftrocknen können.
- Für den Hauskompost grobes mit feinem Material abwechseln.
- Mit Grasschnitt abdecken.
- Feucht halten. Probe: Eine Handvoll Kompost zusammendrücken, er muss sich wie ein feuchter Schwamm anfühlen.
- Ist der Kompost zu trocken, gießen.
- Ist der Kompost zu feucht, Stroh einarbeiten.
- Keine gekochten Abfälle wie Kartoffeln, Nudeln, Knochen oder Fleischreste auf den Kompost werfen.
- Keinen unreifen, scharfen Kompost auf die Beete aufbringen!

GRAS

FEIN

GROB

FEIN

GROB

Veredeln alter Obstsorten

Die Veredlungszeit beginnt spätestens im März. Die für Laien besonders empfehlenswerte Methode ist das sogenannte Rindenpfropfen (angewandt bei Kernobst). Wenn sich die Rinde gut vom Holz löst, wird mittels T-Schnitt das schräg angeschnittene Edelreis in den Spalt geschoben und mit Bast verbunden.
Bei allen Veredlungsmethoden gilt:

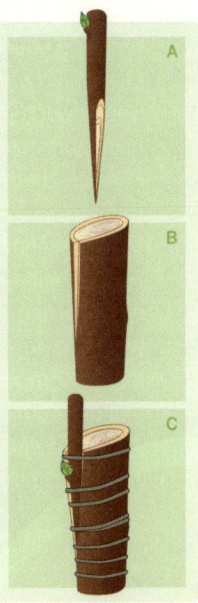

- Ein Auge mittig gegenüber der Schnittfläche platzieren.
- Ziehende scharfe Schnitte mit sauberen Messern durchführen und
- die Augen niemals versehentlich mit Bast verbinden, sondern diesen unter dem Knospenansatz sorgsam durchziehen.
- Jedes Edelreis sollte insgesamt drei bis vier Augen aufweisen.
- Wenn ein Edelreis sehr dünn ist, ein Stäbchen dazubinden. Dann nehmen die Vögel dort Platz und belasten nicht das Edelreis.

Vliese oder Netze schützen gegen Schädlinge.

Kein Pflanzschnitt bei Walnüssen

Walnussbäume werden im Gegensatz zu anderen Obstbäumen bei der Pflanzung nicht geschnitten. Lediglich verletzte Wurzeln kürzt man mit einem scharfen Messer bis ins gesunde Gewebe ein. Walnüsse wachsen schwer an, am besten eignet sich die Baumform „Heister" mit gutem Wurzelwerk und hohem Faserwurzelanteil. Solche Pflanzen erhält man nur in einer Qualitätsbaumschule. Das Festtreten der Erde und durchdringendes Wässern über einen längeren Zeitraum sind unbedingt nötig, damit der Baum gedeiht.

CHECKLISTE

Was im März
noch zu tun ist

- Gräser, Stauden und Rosen sollten jetzt von ihrem Winterschutz befreit werden. Eine Kompostgabe sorgt für einen kräftigen Start.
- Noch vor dem Austrieb erfolgt der Rosenschnitt, am besten dann, wenn die Forsythie blüht.
- Rechtzeitig vor Austriebbeginn erhalten alle immergrünen Hecken (Koniferen und Laubhecken, die im Winter ihre Blätter behalten) ihren jährlichen Rückschnitt.
- Obstbäume müssen so hoch gesetzt werden, dass die Veredlungsstelle über der Erde liegt. Andernfalls treibt die Unterlage durch.
- Nach der Aussaat von Karotten, Lauch und Kohlgewächsen Vliese oder Netze über die Kultur spannen, um die Eiablage von Gemüsefliegen zu verhindern.

April

Bald trüb und rau, bald licht und mild
ist der April – des Menschen Ebenbild.

Blütenrausch

Während sich der März noch karg zeigte, bringt die Obstbaum-blüte im April einen ersten fulminanten Vorgeschmack auf das Gartenjahr. Die zarten grünen Blättchen sind zwar da und dort noch zurückhaltend, doch schon bald wird auch sie nichts mehr aufhalten können. Marille, Kirsche, Zwetschke, Apfel und Birne hüllen Landschaft und Gärten in zauberhafte weiß- und rosafarbene Wolken ein. Mögen Spätfröste diesem Traum nichts anhaben!

Ein Blütenmeer aus Obstbäumen und Ziergehölzen prägt den April.

Faszinierendes
Naturschauspiel

Von verknittert gefalteten Blättern zur offenen Blüte: Wer genau hinsieht, kann jetzt die schönsten Knospenentfaltungen beobachten. Das Austreiben, Schwellen, Herausschälen und Öffnen ist in vollem Gange, z.B. bei den Magnolien. Wie in Pelz verpackt sind die länglichen, spitzen Knospen der Magnolien zunächst, ehe die rosa, roten oder weißen Blütenblätter sichtbar werden und sich die prächtigen Kelche öffnen. Wenn eine Knospe zur Blüte wird, nehmen die bereits fertig angelegten Zellen der Blütenblätter Wasser auf, werden prall und dehnen sich dadurch innerhalb weniger Stunden oder Tage zu voller Größe aus.

Magnolien
entwickeln
prächtige Blüten.

Obstbaumblüten liefern den bestäubenden Insekten reichlich Pollen.

Ökologisch wertvoll

Obstblüten locken zahlreiche Insekten an: Bienen, Hummeln und Schmetterlinge, die für die Bestäubung sorgen, aber auch Wespen, Schlupfwespen und Holz bewohnende Käfer. Obstbäume benötigen je nach Art und Sorte ein gewisses Maß an Kältestunden, um mit dem Austrieb und der Blüte beginnen zu können. Ist dieses Kältebedürfnis gestillt, treiben die Bäume mit der ersten Erwärmung im Frühjahr kräftig aus. Die Obstblüten sind für die Insekten eine wichtige Nahrungsquelle. Umgekehrt sind die Insekten für die Bäume wichtig, denn sie sind auf Fremdbestäubung angewiesen.

Die Blühwilligkeit ist bei Steinobst größer als bei Kernobst. Viele Apfelsorten neigen zur Alternanz, d.h. sie bilden nur jedes zweite Jahr ausreichend Blütenknospen. Es folgen ernteschwache Jahre und danach wieder Jahre mit reicher Ernte. Die karge Blüte ist aber für den Baum kein Nachteil, er verausgabt sich weniger, erholt sich in diesem Jahr und wird auch länger leben als jedes Jahr reich fruchtende Bäume.

Allerlei aus Löwenzahn

„Unkraut nennt man die Pflanzen, deren Vorzüge noch nicht erkannt wurden", sagte einst der Philosoph Ralph Waldo Emerson. In diesem Sinne sollte niemand den Löwenzahn jemals wieder als Unkraut bezeichnen. Mit seinen Blüten lassen sich hübsche Haarkränze formen, Tee oder Löwenzahnhonig zubereiten. Die Blätter bringen als Suppenkraut oder fein geschnitten im Salat eine frische Note in Gerichte. Warmer Löwenzahnsalat zum Beispiel wird in der Steiermark als Spezialität kredenzt – mit gekochten Erdäpfeln und gerösteten Kürbiskernen ist er einfach ein Gedicht.

Pfirsichbäume wünschen aufmerksame Gärtner.

Sensibler Pfirsichbaum

Die meisten Obstbäume blühen jetzt weiß, der Pfirsich aber rosa. Er ist Zier- und Nutzgehölz in einem, denn auf die Pracht im Frühling folgen die süßen, saftigen Früchte im Sommer. Doch so schön er ist, so heikel ist er auch. Pfirsichbäume werden selbst bei bester Pflege selten älter als zwanzig Jahre. Sie brauchen geschützte Stellen, durchlässige Böden und aufmerksame Gärtner. Auch relativ winterharte Sorten können bei Blütenfrösten Ertragsausfälle haben, und das Hauptproblem ist oft die Kräuselkrankheit. Weniger anfällig sind weiß- bzw. rotfleischige Sorten. Weil frisch gesetzte Pfirsichbäumchen im Winter frostgefährdet sind, empfiehlt sich eine Frühjahrspflanzung. Junge Bäume brauchen nach der Pflanzung reichlich Wasser und sollten regelmäßig gegossen werden. Ältere Bäume überstehen Trockenzeiten vergleichsweise gut.

Baumscheiben bepflanzen

Junge Obstbäume brauchen Zeit, bis sich ihr Wurzelsystem gut ausgebreitet hat. Damit es keine Konkurrenz von anderen Pflanzenwurzeln bekommt, legt man eine sogenannte Baumscheibe an. In den ersten Jahren wird diese kreisrunde Fläche, etwa so groß wie der Kronendurchmesser, von Bewuchs freigehalten und mit Grasschnitt oder Laub gemulcht. Ab dem dritten Jahr kann die Baumscheibe mit Gründüngungspflanzen bewachsen sein, z.B. mit Lupinen, Ringelblumen oder Phazelia, das hält den Boden feucht und Unkraut fern. Kapuzinerkresse wirkt auch vorbeugend gegen Schädlinge und Krankheiten.

Baumscheiben können ab dem dritten Jahr bepflanzt werden.

Vermehren
von Beerensträuchern

Im April lassen sich Ribiseln oder Stachelbeeren durch Absenker oder durch Anhäufeln sehr leicht vermehren. Einzelne Triebe werden dabei herabgebogen, mit einem Haken unter die Erde gebracht und nach erfolgter Bewurzelung abgenommen. Bis zum Herbst bilden sich Jungsträucher mit vielen Wurzeln, die den Winter gut überstehen. Die Methode des Anhäufelns wendet man bei älteren Sträuchern an, deren Ertrag so reich ist, dass sich das Vermehren lohnt. Dabei wird am Fuße der Pflanze die Erde angehäufelt. Alle Triebe bewurzeln sich und können anschließend zu eigenen Pflanzen gezogen werden.

Blattläuse sanft bekämpfen

Gelassenheit führt bei von Blattläusen befallenen Pflanzen oft ans Ziel, denn die natürlichen Feinde wie Marienkäfer warten schon auf ihre Beute. Vermehren sich also die Läuse, nehmen auch die Marienkäfer zu. Wer warten kann, fördert das natürliche Gleichgewicht. Wem es doch zu viel wird, der kann etwa bei Rosen die Triebe einfach abstreifen oder mit einem starken Wasserstrahl abspritzen. Bewährt hat sich eine Schmierseifenbrühe aus einem Esslöffel Seife auf einen Liter Wasser.

Marienkäfer und ihre Larven vertilgen zahlreiche Blattläuse.

Gefräßige Lilienhähnchen

Wenn man Fraßlöcher in den Blättern von Lilien, Kaiserkronen, Maiglöckchen, Schnittlauch und Zwiebeln und gleichzeitig hübsche, rot glänzende Käfer entdeckt, ist klar: Das Lilienhähnchen hat sich über die Pflanzen hergemacht. Nicht nur der Käfer, sondern vor allem seine Raupen richten den Schaden an. Die Käfer kann man gut absammeln, wenn man ein Tuch oder Papier unter die Pflanzen legt, denn sie lassen sich bei Berührung sofort fallen. Die Larven mit scharfem Wasserstrahl abspritzen.

Für sehr trockene Standorte

Ein Kiesgarten ist weit mehr als eine Schotterfläche. Mit hitze- und trockenheitsresistenten Pflanzen und schönen Steinen dazwischen wird er zum pflegeleichten, gießfreien Gartenbereich mit mediterranem Flair oder Steppencharakter. Ein sehr sonniger Standort und magerer, durchlässiger Boden sind die Voraussetzung. Dazu den Oberboden etwa 40 cm tief mit reichlich Sand durchmischen (50:50).

Im Kiesgarten wird lockerer gepflanzt als im Staudenbeet, die Struktur des Kieses soll sichtbar bleiben. Geeignete heimische Pflanzen sind Wildstauden aus dem pannonischen Raum, aber auch Steppenpflanzen und Stauden der Trockenprärie. Eine Auswahl: Bartblume, Zwergginster, Palmlilie, Zwergmandel, Heiligenkraut, Ehrenpreis, Bergminze und natürlich Gewürze, Kräuter und Gräser.

Ehrenpreis (l.) fühlt sich auch in Kiesgärten wohl.

Polsterthymian wächst genügsam in Stein- und Mauerritzen.

Einfassungen und Polster
aus Kräutern

Mit Lavendel, Ysop, Eber- und Weinraute können kleine formale Einfassungen gepflanzt werden, die an das Klostergärtchen von einst erinnern. Sie alle verlangen nach einem gut wasserdurchlässigen Boden und verströmen in der Sonne einen würzigen Duft. In letzter Zeit liegt es im Trend, auch aus Schnittlauch – bevorzugt mit weißblühenden Sorten – solche Einfassungen anzulegen.

Thymian, Majoran und Oregano wiederum eignen sich besonders für Trockensteinmauern oder als Gestaltungselement zwischen Steinplatten, da sie in dichten Polstern wachsen. Sie gehören zu den Sonnenkräutern, die in der Wärme der umgebenden Steine ihre ätherischen Öle abgeben und einen köstlichen Duft verströmen. Zitronenthymian ist hier besonders empfehlenswert!

Die Englische Kamille und auch die etwas höhere Römische Kamille lassen sich als Ersatz für ein kleines Stück Rasen verwenden. Sie bilden einen duftenden Teppich, der sich besonders gut in einem humusreichen, aber sandigen Boden verbreitet.

Anbau im Gemüsebeet

Ausgesät werden jetzt Erbsen, Porree, Radieschen, Rettich und Ende des Monats Karotten. Jungpflanzen von Eissalat, Brokkoli und Knollenfenchel, aber auch Salat kommen ins Freie. Wenn die Sonneneinstrahlung abends nachlässt sowie an kühlen und feuchten Tagen ist die beste Pflanzzeit. Eine Gabe reifen Komposts verhilft zu einem guten Start in die Saison. Die frisch gesetzten Gemüse immer ordentlich angießen und in Frostnächten mit einem Vlies schützen.

Beliebtes Küchenkraut

Was der Schnittlauch braucht, weiß man, sobald man die Naturstandorte kennt. Ausreichend Feuchtigkeit und Nährstoffe, aber keine Staunässe, also lockeres Erdreich. Der Ballen muss einmal im Jahr kräftig durchfrieren, was man im Garten fördert, indem man die Pflanze aussticht und verkehrt herum, mit den Wurzeln nach oben zeigend, einfach auf der Beetoberfläche liegen lässt. Im Frühjahr wird wieder eingepflanzt und der Ballen eventuell geteilt. Beim Ernten darf man übrigens niemals alle Halme auf einmal abschneiden und nie mehr als zwei Drittel der Röhrchenlänge.

Schnittlauch ist übrigens nicht nur gesund für uns Menschen. Dieses Kraut eignet sich bestens als Mischkulturpflanze und vertreibt durch den scharfen Geruch Schädlinge.

Ernte von Grünspargel

Drei Jahre nach der Pflanzung wird Grünspargel zwischen Mitte und Ende April gestochen. Der Vorteil gegenüber dem Bleichspargel ist, dass er früher treibt, da er flacher gepflanzt wird und der Erdwall fehlt. Drohen Spätfröste, wird Grünspargel mit einem Vlies abgedeckt. Bei höheren Temperatu-

Schnittlauchblüten – Zierde im Garten und essbare Dekoration

ren sollte das Vlies aber sofort wieder entfernt werden. Achten Sie beim Schneiden des Grünspargels auf weitere heranwachsende Stangen und Knospen, damit Sie diese nicht beschädigen.

Runde Knollen jetzt ziehen

Rote Rüben brauchen einen tiefgründigen Boden an einem vollsonnigen Standort. Werden die Beete vor dem Anbau mit Kompost

Rote Rüben dürfen nicht zu früh gesät werden.

versorgt, ist keine weitere Düngung nötig. Bei der Platzwahl muss man beachten, dass sie sich nicht gut mit ihren Verwandten, dem Spinat und dem Mangold, vertragen, daher zwischen den drei Gemüsearten immer eine Pause von drei Jahren an einem Standort einhalten. Gute Nachbarn für die Rote Rübe sind zum Beispiel Salate, Erbsen, Kohl, Kohlrabi und Zucchini.

Von frühestens Mitte April bis Juni kann man direkt ins Beet säen. Die Samen mit Erde bedecken, gut festdrücken und gießen. Nach etwa einer Woche keimen die Pflänzchen. Wachsen sie zu dicht, werden sie auf 10 bis 15 cm Abstand in der Reihe vereinzelt.

CHECKLISTE

- Wer schon im Frühling trockene, gut verzweigte Äste zwischen die noch jungen Staudenpflanzen steckt, hat später weniger Mühe mit dem Stützen und Aufbinden.
- Jetzt erfolgt der erste Rasenschnitt, es wird vertikutiert und anschließend gedüngt und gewässert.
- Es ist höchste Zeit, die mehrjährigen Gewürzkräuter wie Lavendel und Salbei zurückzuschneiden. Schwach wachsende schneidet man um die Hälfte zurück, stark wachsende werden um zwei Drittel gekürzt.
- Auf Brachflächen können Gründüngungspflanzen ausgesät werden, sie lockern verdichtetes Erdreich.
- Knoblauchzehen kommen in den Boden: Keine Zehen stecken, die von Knollen aus dem Lebensmittelhandel stammen! Geeignet ist Pflanzknoblauch.

Mai

Willst du die Früchte genießen,
darfst du die Blüten nicht pflücken.

Wonnemonat

Die Natur explodiert in diesen Tagen förmlich, Triebe sprießen aus dem Boden, und Blätter entfalten sich so geschwind, dass man fast dabei zuschauen kann. Binnen zwei Wochen sind alle kahlen Zweige bedeckt, und das maigrüne Laub schafft eine üppige Kulisse für die kommenden Blüten. Erste Rosen duften bereits mit dem Flieder um die Wette. Die Dolden vom Holler locken brummende Insekten und sammelnde Menschen an, und die Erdbeeren reifen zu voller Süße heran.

Sommerblumen für eine Saison

Einmal gesät, tauchen sie immer wieder auf, die einjährigen Sommerblumen. Wichtig war einst, dass sie weder eine Vorkultur im Haus noch eine andere besondere Behandlung brauchten, sondern direkt ins Beet gesät werden konnten. Schmuckkörbchen, Ringelblume, Mohn oder Jungfer im Grünen gehen immer wieder auf und bringen als bunte Farbtupfer Leichtigkeit in den Garten. Einige von ihnen helfen auch, Schädlinge – z.B. Blattläuse und Raupen – fernzuhalten, etwa Weinraute, Sommer-Bohnenkraut und Kapuzinerkresse, während Ringelblume und Studentenblume gegen Nematoden und Wurzelälchen helfen.

Hängepetunien blühen üppig und dauerhaft.

Ampeln aus Hängepetunien

Während es früher nur Beetsorten gab, schöpft man heute bei Petunien aus dem Vollen. Zahlreiche klein- und großblumige Petunien in leuchtenden Farben, auch zweifarbig, wurden gezüchtet. In Ampeln wirken sie mit ihren blütenreichen hängenden Trieben besonders attraktiv. Hängepetunien lieben sowohl sonnige als auch halbschattige Plätze. Wichtig ist eine ausreichende Nährstoffversorgung, da die Pflanzen sonst blühfaul werden. Eine kontinuierliche Wasserversorgung sowie alle zwei Wochen eine

Flüssigdüngung garantieren aber einen lang anhaltenden Flor. Verblühtes braucht nicht entfernt zu werden, es fällt von selbst ab.

Wenn der Flieder verblüht

Neigt sich die Blütezeit der duftenden Fliederrispen ihrem Ende zu, werden die Blütenstände nach und nach unansehnlich braun. Dann sollten sie herausgebrochen werden. Dabei dürfen aber die neuen Blatttriebe nicht beschädigt werden, denn an ihren Enden bilden sich die Knospen für die nächstjährige Blüte. Wie bei allen Pflanzen gilt: Das Entfernen der Blüten ist eine sinnvolle gärtnerische Maßnahme, da der Flieder sonst die ganze Energie in die Samenbildung investiert.

Wildtulpen ziehen ein

Die kleinen „Wilden" sollten in keinem Garten fehlen, da sie sich über die Jahre selbstständig ausbreiten und den Garten natürlich wirken lassen. Einmal gepflanzt, verbreiten sich Wildtulpen ganz von selbst und verwandeln den Gehölzsaum dann jedes Jahr in ein Blütenmeer. Nach der Blüte dürfen die Blätter keinesfalls abgeschnitten werden. Lässt man sie einziehen, kann die Pflanze wieder Kraft für die kommende Saison schöpfen.

Gartenbeleuchtung mit Maß

Zu viel nächtliches Licht hat negative Auswirkungen: Insekten werden vermehrt angelockt, verlieren im grellen Licht die Orientierung und gehen zugrunde, Vögel werden beim Brüten gestört. In einem tierfreundlichen Garten wird es deshalb nachts richtig dunkel. Reduzieren Sie Lichtdauer und Intensität auf das wirklich benötigte Maß. Verwenden Sie insektenfreundliche warmweiße LED-Lampen ohne UV-Anteile und Lampenmodelle, die nur nach unten leuchten. In geschlossenen Lampenkörpern können sich Insekten nicht verfangen.

Wer die Sommernächte im Schein einer Kerze genießt, sieht obendrein den Sternenhimmel besser.

Wasser auf kleinstem Raum

Auf der Terrasse oder dem Balkon lassen sich in einem alten Fass oder einem Trog mit mindestens 40 cm Tiefe kleine Wasserwelten gestalten. Einige Stunden Halbschatten am Tag sind für den Standort zu empfehlen, sonst erwärmt sich das Wasser zu rasch, und Algen nehmen überhand. Verzichten Sie auf stark wachsende Wasserpflanzen, damit das Gefäß nicht „zuwächst". Vor Wintereinbruch das Wasser ablassen und frostempfindliche Gewächse in einem geschützten Raum überwintern.

Kleiner Wassergarten für Terrassen und Balkone

Zitronenmelisse
erfrischt

Die eiförmigen, rauen Blätter der Zitronenmelisse könnte man durchaus mit Brennnesseln verwechseln, aber schon eine kurze Berührung ohne Brennen und der zitronige Duft machen die Melisse unverkennbar. Als Kind des Südens braucht sie einen warmen, sonnigen Standort. Ihre jungen Blätter sind in Mehlspeisen, Bowlen und Limonaden eine frische Alternative zu Zitronensaft.

Basilikum gedeiht besser in Töpfen als im Beet.

Basilikum bei Laune halten

Dem Sonnenkind Basilikum kann es nicht warm genug sein. So-lange die Nächte noch empfindlich kalt werden können, ist ein Nachtquartier im Haus sicherer. Basilikum im Topf bleibt dabei nicht nur standortflexibel, sondern auch besser vor Schnecken ge-schützt. Für alle Gewürzkräuter gilt: Je fleißiger Sie ernten, desto buschiger wächst die Pflanze. Das Abzwicken kompletter Triebe kommt einem regelmäßigen Rückschnitt gleich und regt die Pflan-ze zur Verzweigung an.

Klassische Küchenkräuter

Schnittlauch und Petersil gehören in jede Küche und somit in jeden Garten. Für die klare Suppe sind sie unerlässlich und werden häufig gebraucht, aber auch Gerichte wie Petersilerdäpfel verlangen nach ausreichend Grün. Mit einer Pflanze kommt man hier nicht weit. Daher heißt es, eine ausreichende Stückzahl davon in guten, nährstoffreichen Boden zu setzen. Denn im Gegensatz zu den mediterranen Gewächsen wünschen die Klassiker der Gewürzkräuter einen tiefgründigen, mit Kompost und Hornspänen angereicherten Boden. Setzen Sie Petersil jedes Jahr an einen anderen Platz, denn er ist meist unverträglich mit sich selbst. Schnittlauch kann an der gleichen Stelle bleiben, es sollten aber nie mehr als zwei Drittel der Halme geschnitten werden, eine radikale Ernte verzeiht er nicht.

Neben Schnittlauch und Petersil gehört auch das Liebstöckel oder Maggikraut in die Reihe der beliebtesten Küchenkräuter. Vom Liebstöckel reicht eine Pflanze im Beet, da es zu einem stattlichen Stock heranwächst.

Erdbeeren des Waldes

Walderdbeeren sind Alleskönner. Sie gedeihen an halbschattigen Stellen, auf eher sauren Böden, sind anspruchslos und pflegeleicht und bedecken mithilfe ihrer Ausläufer flächendeckend den Boden.

Die kleinen Früchte sind zwar nicht so zahlreich wie bei Garten- und Monatserdbeeren, dafür aber hocharomatisch und eignen sich zum Naschen für zwischendurch. Die Blätter der Walderdbeeren haben im Gegensatz zu anderen Erdbeerarten heilende Wirkung – sie enthalten krebshemmende Gerbstoffe und Flavone. Und ein ätherisches Öl verleiht dem Teeaufguss das besondere Aroma.

Gesunde Mischkultur

So wie unter Menschen gibt es auch unter Pflanzen Nachbarn, die sich gut miteinander vertragen und gegenseitig unterstützen. Mischkultur heißt das Zauberwort, das für gesunde Pflanzen und gute Ernte sorgt. Die Karottenfliege etwa mag Zwiebelgeruch nicht, man pflanzt daher Karotten zwischen Zwiebeln. Knoblauch schützt generell vor Pilzkrankheiten, besonders aber Paradeiser, Gurken und Erdbeeren. Paradeiser schützen den Kohl vor Kohlweißlingen, Kohl wiederum wirkt bei Paradeisern gegen die Blattfleckenkrankheit.
Mischen Sie also! Wo viele verschiedene Pflanzenarten durcheinanderwachsen, haben Krankheiten und Schädlinge kaum Chancen, sich auszubreiten.
Beispiele für gute Kombinationen:

- Erdäpfel: mit Bohnen, Dill, Kohlrabi, Spinat, Kren, Pfefferminze
- Mangold: mit Bohnen, Rettich, Kohl, Karotten

Die Blätter der Walderdbeere haben heilende Inhaltsstoffe.

- Kohl: mit Bohnen, Erbsen, Erdbeeren, Salat, Mangold, Rhabarber, Spinat, Paradeisern, Gurken
- Salat: mit Bohnen, Kohl, Dill, Erbsen, Erdbeeren, Fenchel, Porree, Mais
- Karotten: mit Dill, Erbsen, Knoblauch, Porree, Mangold, Schwarzwurzeln, Paradeisern, Zwiebeln
- Erdbeeren: mit Buschbohnen, Petersil, Rettich, Knoblauch, Roten Rüben, Kohl, Zwiebeln
- Dill: mit Erbsen, Gurken, Roten Rüben, Spargel, Salat, Karotten, Zwiebeln

Kapuzinerkresse und Borretschblüten putzen den Salat auf.

Essbare Blüten

Eine Mischung aus Zier- und Nutzgarten ist das essbare Blumenbeet. Hornveilchen (Viola cornuta) schmecken so lieblich, wie sie aussehen. Ihr süßes Aroma passt gut für Fruchtsalate, Kuchen und Dessertcremen, sie verfeinern Sirup und Eistee und lassen sich gut kandieren. Von der Kapuzinerkresse (Tropaeolum majus) sind sowohl die kreisrunden Blätter als auch die Blüten essbar. Der scharfwürzige Geschmack erinnert an Kresse. Die geschlossenen Knospen kann man in Essig einlegen und als Kapernersatz verwenden.

Die Ringelblume (Calendula officinalis) ist als essbare Dekoration (einzelne Zungenblüten vom Blütenboden zupfen) überhaupt für fast alle Speisen geeignet. Die Blütenblätter der Studentenblume (Tagetes) machen sich gut in Dressings und Kräuteraufstrichen. Sie schmecken aber auch in Süßspeisen und Desserts ausgezeichnet. Besonders aromatisch duftet Tagetes tenuifolia. Das Schmuckkörbchen (Cosmos bipinnatus) bringt rosa und weiße Blüten ins Spiel. Die einzelnen Zungenblüten werden vom Blütenboden gezupft und Salate, Brote und kalte Platten damit verziert.

Kletterndes Gemüse

Für jene, die nur eine kleine Fläche zur Verfügung haben und diese optimal nutzen möchten, ist kletterndes Gemüse ideal. Zucchini und Gurken, Erbsen und Bohnen und sogar kleinfrüchtige Kürbisse – sie alle haben Klettertriebe und ranken sich damit in luftige Höhen empor. Hoch oben bekommen die Früchte auch mehr Sonne ab als zu ebener Erde und sorgen so für reiche Ernte. Erbsen klettern fast von selbst an einem Gitter oder an trockenen Ästen (die vom Baumschnitt übrig geblieben sind) hoch. Gurken und Kürbisse brauchen etwas Hilfe, indem man die Ranken immer wieder aufbindet. Den Feuerbohnen reichen einige massive Stangen als Kletterhilfe, die sie den ganzen Sommer über mit roten Blüten und grünen Hülsen schmücken. Sie sind ein preisgünstiger Blickschutz für Balkone und Terrassen.

Buschbohnen reifen früher als Stangenbohnen.

Buschbohnen für die schnelle Ernte

Die Inkas pflanzten die nicht essbaren Limabohnen, um die dekorativen Samen als Spielsteine zu verwenden, und die alten Griechen verwendeten Bohnen als Stimmzettel. Wer bereits im Juli ernten möchte, baut statt kletternder Arten Buschbohnen an. Denn die meisten Stangenbohnen sind erst im August reif. Gesät wird, wenn der Boden erwärmt ist. In der Reihe alle Handspannen lang 2 bis 3 Bohnen in die Erde stecken, zwischen den Reihen bleiben 40 cm Abstand.

CHECKLISTE

Was im Mai
noch zu tun ist

- *Im Herbst wurden zur Bekämpfung des Frostspanners Leimringe an den Obstbäumen angebracht, spätestens jetzt müssen sie entfernt werden.*
- *Während die Pflanzzeit für Laubgehölze endet, ist jetzt ein guter Zeitpunkt, Koniferen und Immergrüne zu setzen.*
- *Dahlien etwa spatentief in sandigen, durchlässigen Boden setzen. Den Stecken für das spätere Aufbinden schon vor dem Pflanzen setzen, damit die Knolle nicht verletzt wird.*
- *Selbst gezogene Jungpflanzen dürfen nicht gleich der prallen Sonne ausgesetzt werden.*
- *Erst nach den Eisheiligen kommen Paradeiser, Paprika, Gurken, Zucchini und Melanzani ins Freie. Fruchtgemüse sind empfindlich und erholen sich nur langsam von Kälteeinwirkungen.*

Über die Autorin

Veronika Schubert, 1969 in Wien geboren, hat das Gärtnern an der HBLFA für Gartenbau in Wien-Schönbrunn erlernt. Sie arbeitete als Gartengestalterin und war für Zeitschriften- und Buchproduktionen rund um den Garten verantwortlich. Heute führt die selbstständige Gartenjournalistin gemeinsam mit Elke Papouschek ein Redaktionsbüro für Publikationen zum schönsten Hobby der Welt.

© 2015 Servus bei Benevento Publishing, Salzburg. Eine Marke der Red Bull Media House GmbH. E-Mail: info@servus-buch.at. Fotos © Cover: mauritius images/Alamy, Backcover/ S. 47/48: mauritius images/imageBROKER/Martin Siepmann, S. 2: mauritius images/Christian Bäck, S. 6: Lane Erickson/123RF.com, S. 9: mauritius images/imageBROKER/Günter Lenz, S. 10/11: Alexandra H./pixelio.de, S. 12: carmenrieb/Fotolia.com, S. 15: LianeM/Fotolia. com, S. 16: Wikipedia/Nova, S. 17: womue/Fotolia.com, S. 18: Wolfgang Dirscherl/pixelio. de, S. 19: Johanna Mühlbauer/Fotolia.com, S. 20: Ralf Steiner/123RF.com, S. 21: Vidady/ Fotolia.com, S. 23: M. Schuppich/Fotolia.com, S. 24: tacilatan/Fotolia.com, S. 26: mauritius images/Garden World Images, S. 27/28: Peter Rohrmoser, S. 30: Dieter Hopf/pixelio.de, S. 31: mauritius images/DK Images, S. 32: Rudi Fraenkle/Ruth Rudolph/pixelio.de, S. 33: Andreas Hermsdorf/pixelio.de, S. 34: luise/pixelio.de, S. 35: Alexander Raths/123RF.com, S. 36: margrit22/pixelio.de, S. 37/43/56: mauritius images/Alamy, S. 39: Ed Phillips/Steve Smith/123RF. com, S. 40: mauritius images/Garden World Images, S. 41: mauritius images/Sweet INK, S. 42: Alex Kriewel/pixelio.de, S. 44: Amarita Petcharakul/123RF.com, S. 45: Eugene Sergeev/123RF. com, S. 46: Katarzyna Mazurowska/123RF.com, S. 50: Zoran Orcik/123RF.com, S. 50: Wikipedia/ Eva Kröcher, S. 51: Maja Dumat/pixelio.de, S. 52: Alexandra Giese/Fotolia.com, S. 53: virginia43/pixelio.de, S. 55: Alfio Scisetti/123RF.com, Rainer Sturm/pixelio.de, S. 57: Maksym Narodenko/123RF.com, S. 59: angieconscious/pixelio.de, S. 60: geografika/123RF.com, S. 61: Yordan Markov/123RF.com, S. 62: Inna Nerlich/123RF.com, Vorsatzpapier: mauritius images/imageBROKER/BAO. Redaktion: Birgit Moltinger. Lektorat: Gudrun Likar. Titelsatz aus einer Kalligrafie von Karl Starzer, Satz aus der Minion Pro sowie der BentonSans. Art Direction: Peter Feierabend. Gestaltung und Satz: Conny Laue. Gebunden in Fadenheftung. Druck und Bindung: Druckerei Theiss. Gedruckt in Österreich.

ISBN 978-3-7104-0007-0
1 2 3 4 5 6 7 8 / 17 16 15
www.servus-buch.at